AF362846

9 788420 819211

أنا مش غلطانة

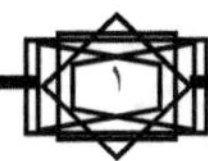

دار حروف منثورة للنشر والتوزيع

الطبعة الأولى

الكتاب: أنا مش غلطانة

المؤلف: منى خضر

تصنيف الكتاب: شعر

تصميم الغلاف: فريق الدار

تنسيق داخلي: فريق الدار

مراجعة لغوية: فريق الدار

رقم الإيداع: ٢٠١٩/٢٢٠٠١م

مؤسس الدار

مروان محمد

Website: https://horofpdf.wixsite.com/ebook

Fan page: http://facebook.com/herufmansoura

Email: herufmansoura2011@gmail.com

هاتف جوال: ٠٠٢٠١١٣٠٠٦٢٩٦ — هاتف جوال: ٠٠٢٠١٠٦٤٠٥٤٩٩٥

أنا مش غلطانة

شعر بالعامية المصرية

منى خضر

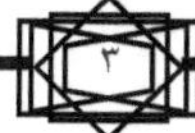

إهداء

إلي أبي وأمي رحمهما الله

كم كنت أتمني أن يكونا هنا الآن

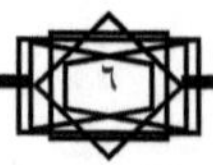

الفهرس

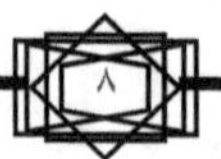

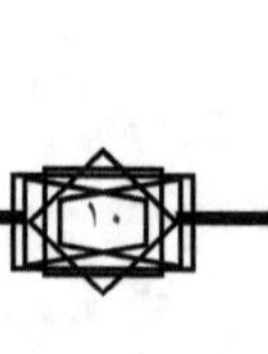

ماغلطتش، لما وثقت في شخص، طلع

كداب

لكن

مش حأرحم غيري نهائي

طول ما الكل سقيني عذاب!

أنا كل ما أفكر أعمل خير

أرجع ألاب تاني في نفسي

الناس ظالمني

لدرجة إني

بأخاف أتبري اليوم من أمسي!

أنا كنت أتمني أشوف الناس

علي صورتي ورسمي

خلوني كرهت إني أكتب اسمي

خيبتم ظني، ومش داريين

أنا حبعد عني!

غيرت ملامح وشي

لأجل إن إنت ماتعرفنيش

دلوقت إن شفتك صدفة

أشعر إني شفت ...مفيش!

لسه بحلم

حلم أخضر

لونه توت

بس حلمي بتنسجه

أنثى زي العنكبوت!

أنا لما بمر في كل شوارع عقلي

بألقي كتير حواديت، أفكار

يظهر مني الوش الهادي

لكن، قلبي كمين أسرار !

أحلام كتير اتبددت

وسط الهموم

عمال بيرسم فرحته

وسط الغيوم

طفل ضاعت لعبته

ويومه يوم

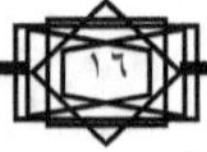

أنا خايفة لحظة دمعته

ألقي القيامة تقوم !

في لحظة واحدة بينهدم

شكل الحقيقة

ضعيفة، مش قادرة انتصر

ضعيفة، لكن مش بريئة

الظلم فارد سطوته

والحق عايز روح جريئة!

من كتر حلمي ما اندبح

هدموا الكنايس والأذان

مين اللي ينصف حلمنا

مرة من غدر الزمان

الإنسانية حاجة ع الورق

مالهاش وجود

أنا قلبي في الموجة غرق

هل ياتري ممكن، ربما

غرقان في بحر المهزلة

يقدر يعود؟

معاني الكون كلها

متجسمة

متبسمة لاسمك

يابخت كل اللي كان

حروف قصته

فيها حروف اسمك

صنيع اسمك بيتجلي

لعاشق، حب، فاتخلي

ويتحلي

بكلمة اصلها اسمك!

رفعت سمانا بلا عمدان

خلقت الإنس ويا الجان

وأرضك راسخة والميزان

وكون تسبيحته تشهد لك

أنا عارفه ذنوبي وأخطائي

واليأس حاوطني من الآخر

لو كنت سايبني لأهوائي

كان ذنبي يفتت أعضائي

لكن في حمايتك بداري

ويجمع عفوك أشلائي

وبحبك أكثر من التانيين

يمكن بتخوني تعابيري

يمكن في هواك مش م التايبين

ربك يعلم، وضميري!

أيوه الحب قرار وأساس

وأنت بتجرح كل الناس

أنت خبير ع العين والراس

لكن، آخرك

نقطة حبر في كام كراس

كم مرة قال: لو ترحلي

وأنا كنت محتاجة لجماله

لو كان يفيده هجرتي

أهجر، وروحي محتاجة له

عملت إشاعة لهوايَ

أشوف الحب جوايَ

لقيته ف كل ضحكاية

بيسري في شرايني

يلاغيني، يناديني

وأنا أفتح له، فيعديني!

وأخضع، أمره يأسرني

ويشغلني، بحلو إلهامه

ومُره، وظلم أيامه

ولانرضي بأوهامه

كل باب عندي اتقفل

كل المباني اتهدمت

سحابة سودة بتترسم

وأنت جنبي بتتقسم

كل حتة ألف ميل

اتمحت كل السنين

لما ضاع مني الحنين

أوعي ترجع يوم بخوف

أوعي ترجع هنا ملهوف

لو تغير يوم حنينك

لو رجعت بلون سنينك

مش راح أقبل يوم حضورك

أنت حاضر كل حاجة

بس غايب فيك ضميرك!

مونتاج

وكت

مشاهد كتييييير

صراخ وموت

حنين، سكوت، الاتنين سوا

ناس بتحزن وحدها

وناس بتفرح ع الهوا!

والزمن عندك أسير

ساعات يطووووول

وساعات بيبكي للغلابة

اللي النهار بيوجع قلبهم

إزاي تقول

عقرب ساعتنا مشترك؟

عقرب ساعتنا عنده زي كل الناس قلق

وساعات غرق

وساعات يطير

عقرب ساعتنا هو أخطر بهلوان

يبني الميدان

أحيان

أحيان ...

اكتشف شكله الجنان

يحرن ساعات

يسبق ساعات

لحظة يبقي أمنيات

وساعات...

ميلاد

وساعات ...

ممات .

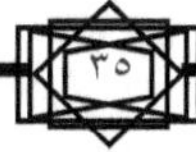

أحلام كتير اتبددت

وسط الهموم

كان بيرسم فرحته زي السراب

كان حلمه زي حروف كتاب

اتمحت

فعل الزمن والشمتانين

وأنت مين؟

واقف علي حد البراءة

باصص علي حلم الحياة

والموت قريب

عمال بيخطف دمعتك

نهر السنين

بيروي حزن المشجونين

باصص وراك

خايف لشطه يحصلك

ضميره مش ممكن يفوق

مهما تحاصره بالحنين

كل حتة فيك

بتبعد ألف ميل

وماعادش للوصول سبيل

ابعد، ابعد، ابعد ابعد

أنت ناكر للجميل !

لوحة سودة بتترسم

شخص تاني ما اعرفوش

شايفاك في عيني بتنقسم

حبة وشوش

مش عايزة منك حاجة تاني

ما أنت قلب يادوب أناني

قلب دافي،   بس ليك

بالسلامة، يالا فارق

رسم شراع

من غير سفينة

طاف بالخيال

كل البلاد

عرف الحكاوي الواد حزينة

عن الولاد

بين الجعان

واللي أصله كان غريب

واللي فارق المكان

واللي فارق الحبيب

رسم الشراع ع الورق

نسي، وجازف بالكلام

غرق!

قال له

ماتلعبش بالألفاظ معاي

أنا لسه بعرف

الاستعارة م الكناية

احفظ لسانك ياولد

ده أنا اتولدت كبيرقوي

من قبل ما أنت ما تتولد

انا في الكتابة شيخ بلد !

لسه الزمان بيحكي

ع القهاوي والحكاوي

حواديت زمان

ولا ألف ليلة ياجدع

ع اللي بيحصل عندنا

ناس ...

الشكل باين مننا

لكنهم، مش مننا

الهم

الهم ماهوش همهم

والحزن ولا قرب هنا

عايشين في دنيا تانية حنينة

يوم ماتطلب حاجة منهم ينكروك

يدبحوك

بس أحلي حاجة عرفتها

أطلب حاجاتي بس منه

أطلب ثبات من ربنا

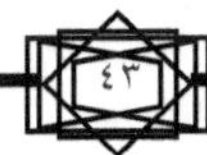

لما تبيعني

عشان محتاجة

أوعي تفكر

حاجتي تقلل شاني في يوم

بكسب ياما

وبخسر ياما

وياما ندامة

وياما بقوم!

أوعي تكبر يوم على

أوعي تكبر ع الأميرة

هي ساكنة برج عاجي

وأنت أصلك ع الحصيرة!

ماشلتتنيش في الكبر

أنا اللي كنت حمالك

وقلبي عليك صبر

وصبري راس مالك

ماتقول لي ايه غيرك

يا حزني القريب، مالك

حلم الأنا دايما حزين

مادام واخدني في سكتك

ما انتش ذكي

ما انتش طبيعي لجل تعرف سكتي

اللي زيك، عمره مايكمل حكاية

أو يصادف دنيتي

أنت حاجة

قصدي، ما انتش اي حاجة

هو أنت صاين عشرتي؟

مش عايزة اقول مصدومة فيك

الصدمة حاجة كويسة

لا أنا قادرة أبيع أيامي فيك

ولا حتي قادرة أشتريك

أنت ليه فرحانة فينا

ده أنت أصغر من نادينا

إحنا نرجع للفراعنة

يعنى لينا جذور ومعنى

واللى ميفرطش فينا

إحنا بنحطه فى عينينا

ده أنت عمالة تبيعينا

واحنا بنسامح ونرضي

قلب مصر ده قلب فضة

ولسه بحلم .. حلم اخضر

لونه، شكله، زي توت

بس خايفة يوم يسيبني

أو يساوم ع السكوت

علي شط بحر إسكندرية

بعشق رمالك يامارية

عاشق، رمالك جنتي

ومية تشبه ضحكتي

صافية الأماني الممكنة

سايقة الدلال ع الأمكنة

سابقة الشروق والمعجزات

حارس جمالك ربنا

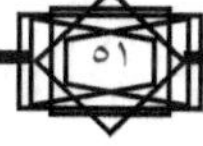

بيقول جميلة وعجبانى

والقرب منك شيء تاني

كتبت اسمه في بحر الشوق

خدني موجه ورماني

احلام كتير اتبددت

وسط الهموم

كان بيرسم فرحته

يعبر جسور

وف لحظة واحدة بينهدم

شكل الحقيقة المرعبة

وألمح دموعه المذهلة

ملامحه البريئة المشكلة

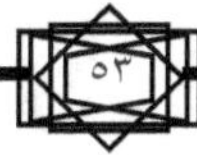

ماعادتش حاجة تلمها

ولا عادش ينفع أسئلة

١

عيونك مروج الصباح

والقلب لون الجناين

عرفت فيك السماح

والسحر في الكحل باين

٢

اصعب حاجة

لما تبيعني

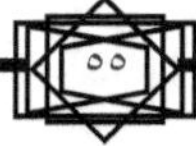

عشان محتاجة

أوعى تفكر

إنه يقلل مني في يوم

بأخسر ياما وياما بأقوم

زقزقت عصافير

والفرع كان زاهى

إخضر عود الفرح

واتحني من تانى

شايفة عنيي قلوب

عايقة وعجباني

اقرا هنا المكتوب

مبني ومعاني

بأبنى مشاريع الأمل جوايا

وأرسم في قلبي

غصن زيتون

وأكتب سطور

أشعار، رواية

زى الملايكة، أمى كانت

لسه عقلي مش مصدق

بعد كل حكاوي ليها

بعد كل العطف منها

قالوا راحت، واستكانت

ألف حاجة سايباها لي

وألف قصة كتباها لي

امي سابت ميت قاموس

أغلي عندي م الفلوس

كسبتني في المسابقة

علمتني الحي أبقي

بس برضه ما بنسهاش

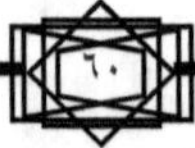

حلم الأنا

من خرم إبرة

دخلت متاعب محنتي

خلايا جسمي المؤمنة

عطشانة لحنين الأمل

جفت ورودها

ومش دريانة

يا هل ترى

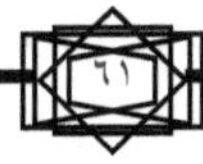

بكرة ده شكله إيه ....؟

فرح وهنا ولا ....

دموع وأنين

لساك تبكى ع السنين

حلم الأنا عند البشر

لسه يا دوب حتة ج

قلبى شارد ليه

النهاردة

عايزة أقطف أحلى وردة

وأهديها لك

بس خايفة

الدموع

حاضرة وهايبة

أعمل إيه

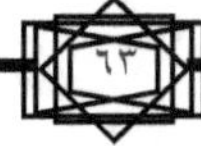

دنا حيرتى شايبة

وابتسم

والبسمة غايبة

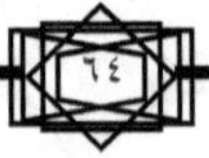

كل الحروف متبعثرة

شفت اللي باع

مسكين خلاص ورقه اتحرق

وأنا برضه فايزة فوز صلاح

ياللا يا ناس غنوا معايا

البنت واقفة وهللت ويا الصبايا

حأعمل زى الشاطر حسن

وأروح أدور ع الأميرة

باتت حزينة

كل الكتابة اتلخبطت

محتاج لورقة ومسطرة

أصل الحروف متبعترة

وصلت لفين؟

بشوفك زى أحلى عروسة

يشوفها عريس

معالم صورتك جوه في قلبي

أجمل من لندن وباريس

بسافر كل بلاد الكون

وأشوف الناس

ألف ومليون

وبحفظ اسمك

وأرفع علمك

ولحظة في سيرتك

بأشعر إني

كما القديس

تاهت الكلمات

اللي واقفة على لساني

ماعدش اليوم حد يعرف

يعنى إيه معنى التفاني؟

الناس حياتها بقت

حواديت

حكايات

ملهاش معاني

على كل حروف الدنيا بدوس

وبلف كل بلاد الكون

واللي بيعجبنى بحفظ اسمه في وسط اللاب

واحفظ صورته في قلب القوس

وده كله بيحصل في ثواني

بس بلمسة طرف صباعي

مني حنفي محمود خضر

اسم الشهرة "منى خضر "

مواليد سبتمبر ـ الإسكندرية ـ جمهورية مصر العربية

ليسانس آداب فلسفة

ليسانس آداب وتربية لغة إنجليزية جامعة الأسكندرية

معلمة لغة إنجليزية

شاعرة وكاتبة قصة وكاتبة لأدب الطفل

المؤلفات

١- أنا مش غلطانة ... ديوان شعر

٢- جنة العصافير ...قصص للأطفال

٣- الكوخ الذهبي...قصص للأطفال